AF460440

ex libris R. Lesourd. R. V. Jussiana

R. de la Jussienne

hic liber pour de L'argent fuit
emptus chez le marchand, quicun-que
le trouvera, mihi rée il le rendera,
illi dabo un soul marqué, ad bibendum
a ma santé.

OFFICE PROPRE POUR L'EGLISE PAROISSIALE SAINT EUSTACHE DE PARIS.

Chés les Libraires Associés aux Usages de Paris.

M. DCC. XXXVII.

OFFICE
DE
SAINT EUSTACHE,
ET SES COMPAGNONS, MARTYRS.

ANNUEL.

LE III. NOVEMBRE.

AUX I. VESPRES.

Ant. 2. D. In paucis vexa-ti,
in multis be-nè dis-ponentur; quo-ni-am
De-us ten-tavit e-os, & inve-nit il-los
dignos se.
Ant. 4. E. Proba-ti-o fi-de-i
vestræ pa-ti-en-ti-am o-pe-ra-tur; pa-ti-
enti-a autem o-pus per-fectum ha-bet.
Ant. 3. a. In mundo pressu-ram
ha-be-bi-tis; sed con-fi-di-te, ego vi-ci
mundum.

Capitule. Cariſſimi.

HYMNE du 2. en A.

jungit me-li- ùs fides. 4. Heu, princeps,
nimi-ùm fal-le-ris, improbe, Qui ten-ta-
re pi-os ſuppli-ci-o pu-tas! Inconcuſſa
fides, in bove fervido, Fulget pu-
ri-or i-gnibus. 5. Quin ef-fu-ſa li-cèt
na-ribus ar-de-at, Intùs flamma timet
læ-dere corpo-ra, Et ſacris tumu-li
ſervat ho-no-ribus Clauſos pecto-re Martyres. 6. O ſancti, ſu-peris nunc decus
addi-ti, Veſtris id precibus poſ-ci-te,
; Ut creſ-cat va-ri-is noſtra fi-des

malis , Et dignos fa-ci- at De-o. 7. Sit
laus summa Patri , summaque Fi-li-o :
Sit par , sancte , ti-bi laus quoque , Spi-
ri-tus , Cujus flamma po-tens cordibus
in-di-ta Arden-tes su-pe- rat rogos.
A- men.
℣. In Deo faciemus virtutem ; ℟. Ipse ad nihilum deducet tribulantes nos.
Ad Magni-ficat.
Ant. 1. f. Per pa-ti-en-
ti-am cur- ramus ad propo-situm nobis
cer-ta-men , as-pi-ci-entes in auctorem
fi- de-i & consumma- to-rem Je-sum ,

qui propo-si-to si-bi gau-di-o, susti-nu-it
crucem, confu-si- o-ne contemptâ.
A COMPLIES, Ps. de la Férie.
Ant. 2. A. Comple-buntur di-es
luctûs tu-i, Si-on: non oc-cidet ultrà
sol tu-us: populus tu-us omnes justi.
Nunc dimittis.
Ant. 8. G. Nox ultrà non
e-rit, & non e-gebunt lu-mine lu-cer-
næ, neque lu- mine solis; quoni-am
Do- minus De-us il- lu-mi-na- bit
illos.

A L'OFFICE DE LA NUIT.

Invitatoire du 3.

DEum Martyres su- os igne

proban- tem, * Veni-te,

a-do-re- mus. *Ps.* Veni-te.

HYMNE *du 5.*

HOstis de-orum dux Pla-cidas

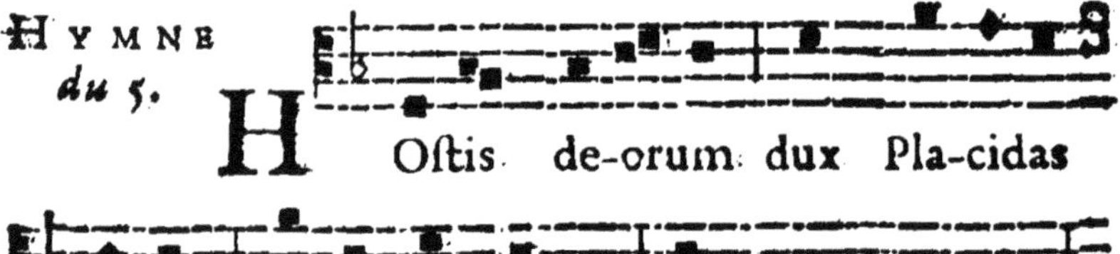

pa làm No-vique fertur nu-minis asse-cla,

Cum prole ca-râ, cumque sponsâ,

Seque vi-rum probat at-que patrem.

Nil spes honorum, nilque necis timor,
Recti tenacem propositi movet;
Sed semet ad suprema, lætis
Cum sociis, stimulat trophæa.

Objecta sævis præda leonibus
Dùm gestit uncis dentibus atteri,
Feræ tyranno mitiores
Ingenitum reprimunt furorem.

Tauro retrudit durus aheneo
Abrepta lictor corpora Martyrum ;
Hic sensus horret, clariores
Sed pietas referet triumphos.
Accensa diris non ululatibus
Latè resultans machina personat :
Felice mugitu, Tonantis
Bos didicit resonare laudes.
Bos ille sanctis Militibus gravis,
Effundit alvo dulcia pignora,
Ardente servatas sepulcro
Relliquias, holocausta Christo.
Ergo perenni vivite gloriâ,
Vitâ profusâ vivite, Martyres ;
Vitæ datori, subque vestris
Nominibus sacra templa surgant.
Sit summa Patri, summaque Filio ;
Tibique compar gloria, Spititus,
Majore flammâ qui dedisti
Terribiles superare flammas. Amen.

AU I. NOCTURNE.

Ps. 5. Verba mea auribus percipe.

Ant. 7. ç. Ruent

in gla-di-o, & in flammâ, & in

capti-vi-ta-te ; ut conflentur, & de-alben-

tur usque ad tempus præ-fi-nitum.

Pf. 31. Beati quorum.
Ant. 4. A. Testimo- ni- o
fi-de-i proba-ti, non ſuſ-ce-perunt re-
dempti- onem, ut me- li-o-rem inveni-rent
re-ſur-re-cti- onem.
Pf. 32. Exul- tate, juſti.
Ant. 2. D. Tra- dide-runt
cor-po-ra ſu- a, ne ſer-vi-rent, & ne
a-do-rarent omnem de-um, excepto De-o
ſu-o.
℣. Cuſtodit Dominus animas Sanctorum ſuorum.
℟. De manu peccatoris liberabit eos.
℟. Au 2. Vos a-liquandò gentes in
carne e-ra-tis ſine Chri- ſto, a-li-

na-ti à converſa-ti-o-ne I- ſra-el, &
hoſ-pites teſtamen- to- rum ; * Nunc
autem † Qui e-ra- tis lon- gè,
fa-cti eſtis propè in ſan-guine
Chri- ſti. ℣. Confortentur manus veſtræ;
non juxta di-es pri-o-res e-go fa-
ci-am : e-ra-tis ma-le-di-cti-o in
gen- tibus ; * Nunc. Glo- ri-a Patri, & Fi- li-o, & Spiri- tu-i
ſan- cto. † Qui e-ra- tis.

ij. ℟. du 3.

ILluminati, magnum certamen
sustinuistis passionum, opprobriis &
tribulationibus spectaculum facti;
* Et rapinam bonorum vestrorum cum
gaudio suscepistis, † Cognoscentes
vos habere meliorem & manentem
substantiam. ℣. Nunc vosmet ipsos
despicitis propter leges Creatoris
mundi; * Et rapinam. Gloria
Patri, & Filio, &
Spiritui sancto. † Cognoscentes.

iij. ℟. du I.
IN nullo ter-re-a-mi-ni ab ad-
versa- ri is : quæ il lis est cau-sa perdi-
ti-o-nis, vobis autem sa-lu-tis ; & hoc
à De-o : * Quia vobis do- natum est
pro Christo, non so-lùm ut in e- um
cre- da- tis, sed ut e- ti-am pro il- lo
pa- ti-a- mini. ℣. Qui spontè ob-tu-
listis a-nimas vestras ad pe- ri-culum, be-
nedi- ci-te Do- mino ; * Qui-a.
Glori-a Patri, & Fi- li-o, &
Spi-ri- tu- i san- cto. * Quia.
On répéte le ℟. jusqu'au ℣. exclusivement.

AU II. NOCTURNE.

℣. Transivimus per ignem & aquam ; ℟. Et eduxisti nos in refrigerium.

iv. ℟. du 8.

ID quod in præsen-ti est momen-ta-neum & leve tribu-la-ti-o-nis nostræ, supra modum in subli-mita-te æternum glo-ri-æ pon-dus o-pera- tur in no- bis ; * Non contemplantibus no-bis quæ viden-tur, sed quæ non vi-den- tur. ℣. Dominus Deus as-pi-ci-et ve-ri- ta- tem, & conso-la-bitur in no- bis ; * Non contemplantibus, Glori- a Patri,

& Fi- li- o , & Spiri- tu-i
ſan- cto. * Non.
v. R. du 3.
SEmper nos qui vivimus, in mor-
tem tra- dimur propter Je-ſum ; * Ut &
† Vita Je- ſu manifeſte- tur in carne noſtrâ morta- li. ℣. Proba-ſti nos, De-
us ; i-gne nos e-xa-mina- ſti ,
ſi-cut e-xaminatur argentum : tranſi-vi-
mus per i- gnem ; * Ut. Glo-ri-
a Patri , & Fi- li- o , &
Spiri- tu-i ſan- cto. † Vi-ta.

vj. ℟. du 5.

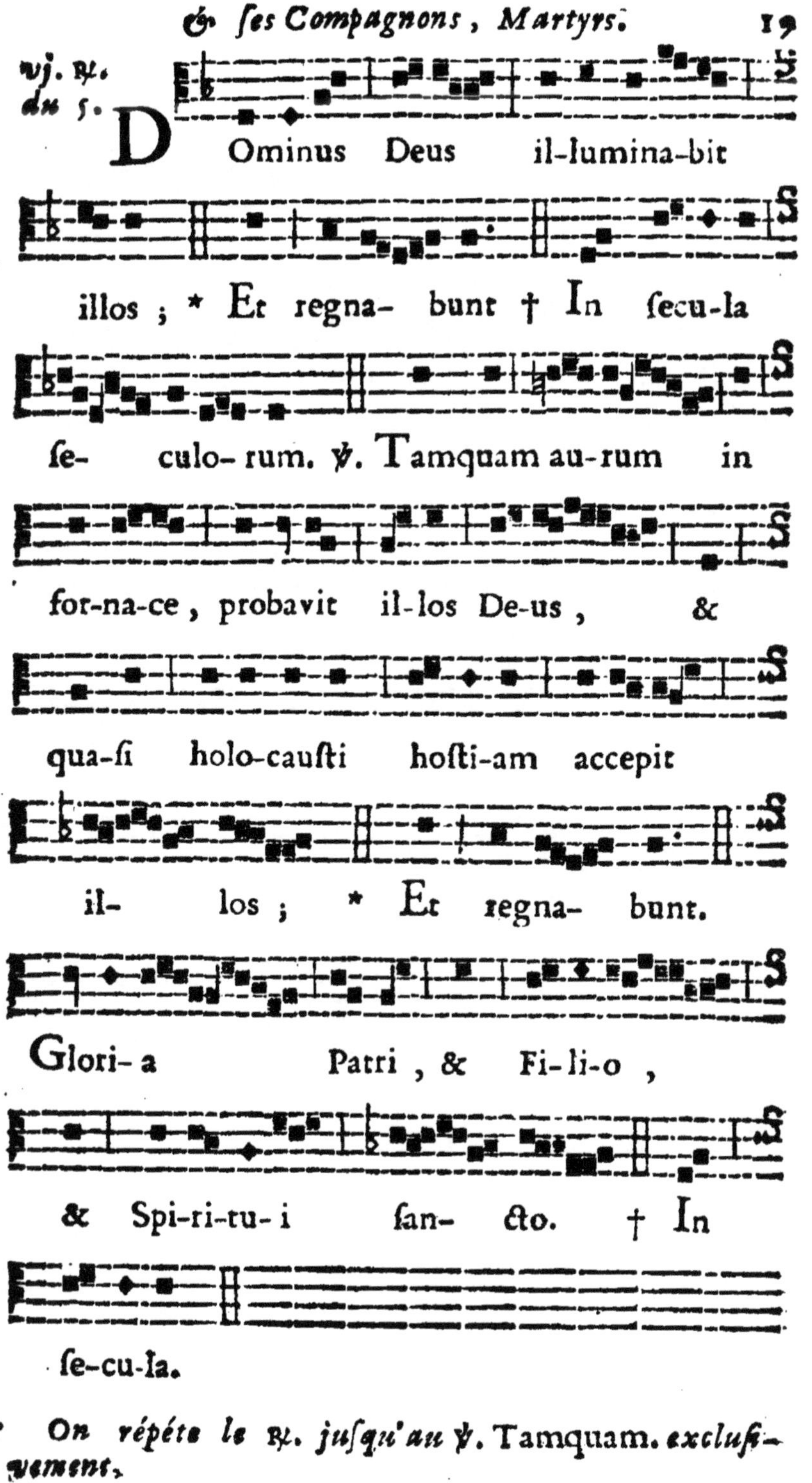

On répéte le ℟. *jusqu'au* ℣. Tamquam. *exclusivement.*

AU III. NOCTURNE.

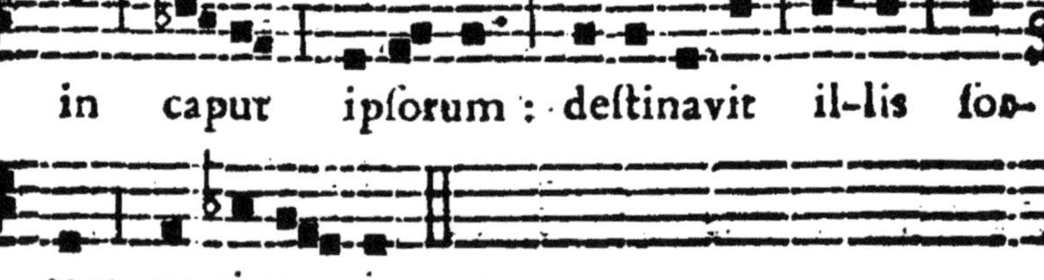

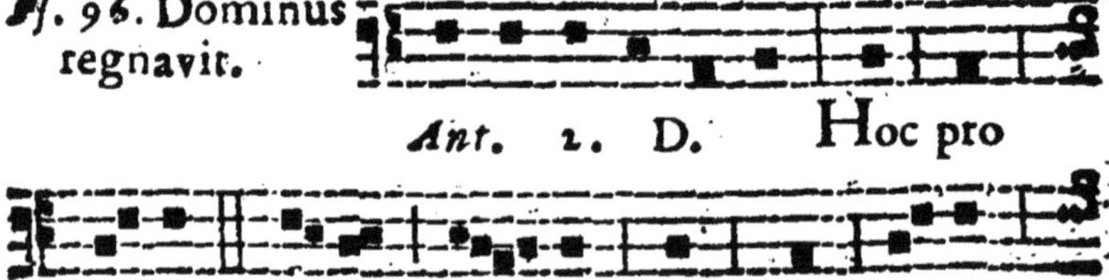

Do-mine, quòd vi-ta e-jus, si in proba-
ti-o-ne fu-e-rit, coro- nabitur.
℣. Multæ tribulationes justorum; ℟. Et de omnibus his liberabit eos Dominus.
vij. ℟. du 7.
NO-li-te time- re e- os
qui occidunt corpus, a- nimam autem non
possunt occide-re: * Sed po-ti-ùs time-te
e- um † Qui potest & a- nimam &
corpus per- dere in gehen- nam. ℣. Viriliter a- gite, & conforta- mini;
no-li-te ti- me-re, nec pa-ve- a- tis

ad conſpe- ctum e- o- rum.
* Sed po- ti-ùs. Glo- ri-a Patri, &
Fi- li-o, & Spi-ri- tu-i ſancto. † Qui poteſt.
viij. ℟. du 6.
IN vo- bis glo-ri-a mur in
eccle-ſi-is De-i pro pa-ti-en-ti-â ve-
ſtrâ & fi-de, & in omnibus perſe-
cu-ti-o- nibus quas ſuſti-ne-tis, ut
digni ha-be-a- mini * In regno De-
i pro quo & pa-ti- mini.

℣. Non diſſolvan-tur manus ve-
ſtræ ; e-rit e-nim merces ope-ri
ve- ſtro, * In regno. Glo-ri-a
Patri, & Fi- li-o, & Spiri- tu-i
ſan- cto. * In regno.
ix. ℟. du 3.
I- Pſi vi-ce- runt propter ſanguinem
Agni, & pro- pter verbum te-ſtimoni- i
ſu- i, & non dile-xe-runt a- nimas
ſu-as uſ-que ad mor-tem; * Propte-re-à
† Læta- mi-ni, cœ-li, & qui ha-bi-

ta- tis in e- is. ℣. Ecce quo-
modò compu-ta-ti sunt in- ter fi-li-os
De-i, & inter sanctòs sors illo- rum
est. * Propte-re-à. Glo- ri-a
Patri, & Fi-li-o, & Spi-ri-
tu-i sancto. † Læta- mini.
On répéte le ℟. jusqu'au ℣. Ecce. exclusivement.
Te Deum.
℣. Sacerd. Propter te, Domine, mortificamur totâ die; ℟. Æstimati sumus sicut oves occisionis.
A LAUDES, Ps. du Dimanche.
Ant. 5. a. LÆte-tur a-nima
vestra in mi-se-ri-cordi-a De-i; &
nos

non confunde-mini in laude i-psi- us.
Ant. 8. G. Christo passo in
car- ne, & vos e- âdem cogi-ta-ti-o- ne
ar- mamini.
Ant. 1. Be-a-ti qui perse-
cu-ti- o-nem pa- ti-un-tur propter ju-sti-
ti-am ; quoni-am ipso- rnm est regnum
cœ-lorum.
Ant. 2. D. Qui vi-ce- runt habent
citha-ras De-i , & can- tant canti-cum
De-i.

Ant. 3. a. Fortes e-stis, & verbum
De- i manet in vobis, & vi-ci-stis
ma- lignum.
Capitule. Cariſſimi.
HYMNE *du* 4.
Hic non u-na De o
se li-tat hosti-a ; Ca-ram nil tre-
pidans proge-ni em pater, Consortemque
thori, fœde-re mutu-o, Se-cum vir
pi-us im-mo-lat. 2. Chri-sti vin-cit
amor, cede-re nesci-us Invicti ge-
minis patris amo- ribus ; Vim, natu-ra,

tu-am cordibus in-ditam Victrix rel- li-
gi- o domat. 3. For-tis, grande velut
de-po-situm, pugil Summo re- stitu-it
pro-geniem Patri ; Uni non du-bitat
jam so-ci-a- bilem Sponso red- dere com-
parem. 4. Er-go no- bi- li-um splendida
Martyrum Juncto cres-cat ovans lumine
glo- ri-a ; Tam fortes a-nimos, Christiadûm
domus Sanctis mo- ri-bus ex- primant.
5. Sit supre-ma ti-bi glori- a, Trini-tas,
Quæ te di- gna tu-is mu-ne-ra suf- fi-cis ;

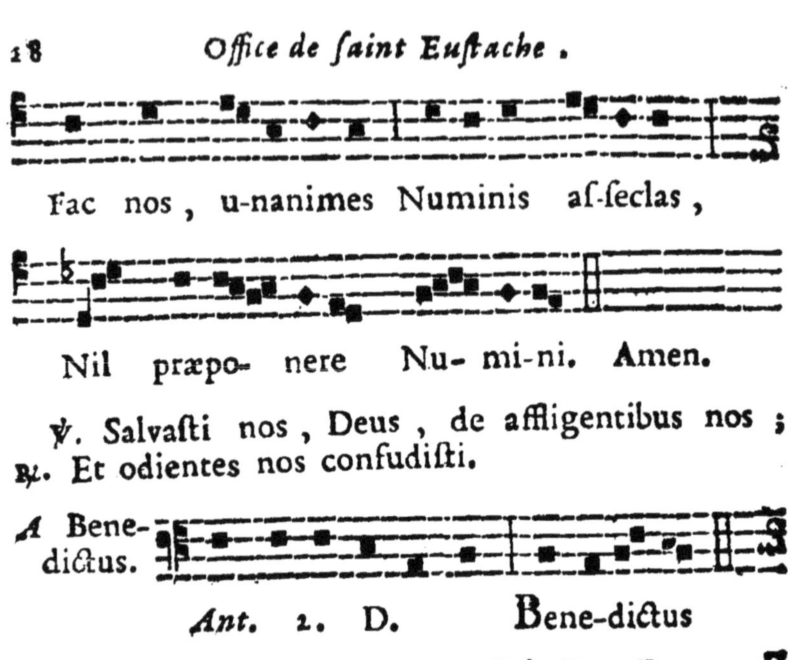

Fac nos, u-nanimes Numinis as-seclas,

Nil præpo- nere Nu- mi-ni. Amen.

℣. Salvasti nos, Deus, de affligentibus nos; ℟. Et odientes nos confudisti.

A Bene- dictus.

Ant. 2. D. Bene-dictus

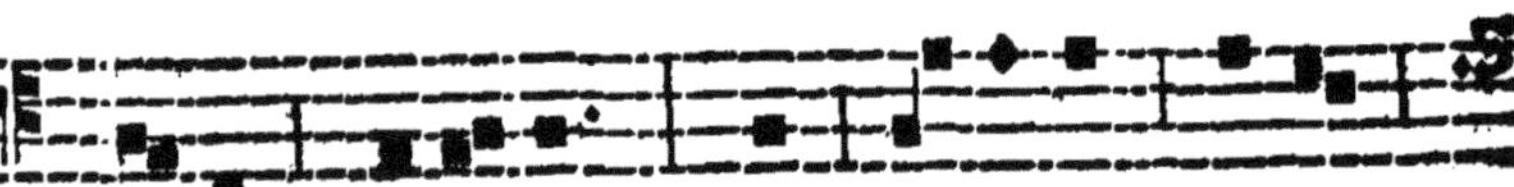

De-us e-orum, qui e- ru-it servos

su-os, qui cre-di-de-runt in e- um,

& verbum re-gis im- mu-ta- ve-

runt.

AUX HEURES, Ps. du Dimanche, sur les Antiennes de Laudes.

A TIERCE, Ant. Christo.

℟. *br.* Lætamini in Domino, * & exultate justi, * Alleluia, alleluia. Lætamini. ℣. Et gloriamini, * omnes recti corde, * Alleluia, alleluia. Gloria. Lætamini.

℣. Viriliter agite, & confortetur cor vestrum, ℟. Omnes qui speratis in Domino.

A SEXTE, *Ant.* Beati.

℟. *br.* Salus justorum * à Domino, * Alleluia, alleluia. Salus justorum. ℣. Et protector eorum, * in tempore tribulationis, * Alleluia. Gloria. Salus.

℣. In æternum exultabunt ; ℟. Et habitabis in eis.

A NONE, *Ant.* Christo.

℟. *br.* Magnificavit Dominus * facere nobiscum, * Alleluia, alleluia. Magnificavit. ℣. Facti sumus * lætantes, * Alleluia. Gloria. Magnificavit.

℣. In Domino lætabitur cor nostrum : ℟. In nomine sancto ejus speravimus.

AUX II. VESPRES.

Ps. 115. Credidi, propter.
Ant. 5. C. Hæc est
victo-ri-a quæ vincit mundum, fides
no- stra.
Ps. 125. Nisi quia Dominus.
Ant. 1. F. Vi-cistis,
quo-ni-am ma-jor est qui in vobis
est, quàm qui in mundo.
Ps. 124. Qui confidunt.
Ant. 6. F. Gaude-te &
exulta-te, quo-niam merces vestra copi-
o-sa est in cœ- lis.
Ps. 125. In conver-tendo Dominus.
Ant. 8. G. A- depti
sunt repromissi-o-nes, obtu- raverunt o-ra

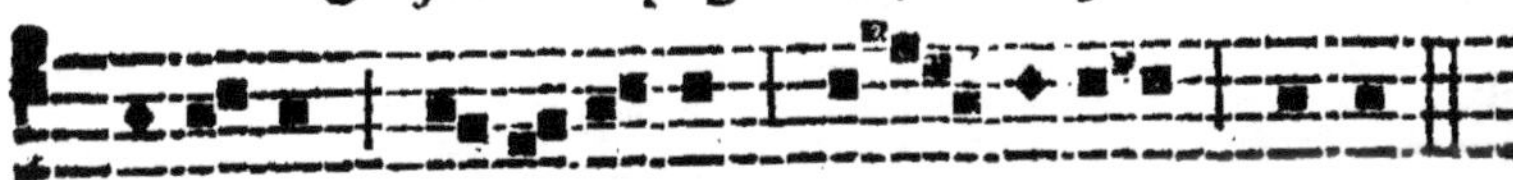

le-onum, extinxerunt im- petum ignis.

Capitule. Absterget Deus.

Hymne, Huc omnis properet. *comme aux premiéres Vêpres*, pag. 6.

℣. Posuisti nos opprobrium vicinis nostris; ℟. Et iniquè non egimus in testamento tuo.

PENDANT L'OCTAVE,

L'Office comme au jour de la Fête.

A VESPRES, Pseaumes de la Férie sous la seule Antienne suivante.

ha-buit i-gnis in corpo-ribus e-o- rum ,
& capillus capi-tis e-o- rum non est
adustus ; & odor i- gnis non transi-vit
per e- os.

A LA MESSE.

INTROÏT.

cipi-o, & nunc, & ſemper, & in
ſe-cu-la ſe-culo-rum. Amen.
GRADUEL du 6.
DEus ten-ta-
vit e-os, & inve-
nit il- los di- gnos- ſe.
℣. Tam- quam au-
rum in forna- ce proba-vit
e- os, & qua-ſi ho-locau- ſti
ho- ſti-am ac-ce- pit il-
los.

Du 7. Ton.
A L-lelu- ia, Allelu-
ia. ℣. Pro- ba- ti-o fi-
de-i e- o-rum mul-tò preti- o-si-or
auro, quod per i- gnem proba- tur,
in-veni-e- tur in lau- dem & glo-
ri-am in re- ve-la- ti- o- ne
Je-su Chri- sti. Allelu-
ia.
PROSE du I.
E Xpu-gnandis Urbi-bus Sa-tis
datum, Pla-ci-da : Vo-cat clari- o-ribus
Te tri- umphis grati- a.

Bello-rum e-ven-ti-bus Ludit inconstan-
ti- a ; De-cet fir-mi- o-ri- bus Te
castris mi- li-ti- a.
Cœlum vocat, da ma-nus, Christo fer
ob- sequi- a : Cer-ta præli- an-ti-bus,
Hoc du-ce, vi- ctori- a.
Il-lu-stris Eu-sta-chi-us Adest cum fa- mi-
li- a ; Natos cum pa-ren-ti-bus Jam
poscunt mar-ty-ri- a.
Ut i- do-lis immo-lent, Princi-pis impe-

ri-a Frustrà sonant: displi-cent Pro-fa-na
commerci-æ.
Frustrà pa-rat adde-re Blandi-men-tis
præmi-a, Quibus mundi perde-re So-let
a-mi ci-ti-a.
Dudum hæc sor-des-ce re, Martyr inquit,
mune-ra Cœ pe-runt: al-li-ce-re So-la
possunt fu-ne-ra.
Impe-ra-tor quid a-gat? Jacent ar-ti-fi-
ci-a; Pe-ri-tu-ris in-fe-rat Num su-is
sup-pli-ci-a?

Minis tonat, sperni- tur: Hono- ris in-
signi- a Tollit, sed e- ri-gitur Hinc
Sanctis fi-du- ci- a.
Proh stu-por! ob- sequitur Le-o-num fe-ro-
ci-a, Nec- dum tamen vinci-tur Ty-
ranni socor-di-a.
Bos in-gens produci-tur; Ri-get ære
machi-na, Quo fu- rens ab- ripi- tur
Homi-num ma- li- ti- a.
Bos ardens expan-di-tur: Vir, u-xor, pro-

sæpi- a Sube- unt : manda-bi-tur Hæc sæclis
concordi- æ.
Bos fe- ra-lis clau- di-tur, Sonant in-tùs
canti- ca ; Dictu mirum ! si-ti-tur flamma-
rum sæ-vi- ti- a.
Sic in su-is lu-di-tur Inven-tis a-stu-
ti- a : Fornax igne spargitur, Et dat
re-fri-ge-ri- a.
Talis te de- cet, De- us, Ho-lo-causti
ho-sti -a, Ca-ri- tas ar-do-ri-bus Cùm
supplet in- cendi- a.

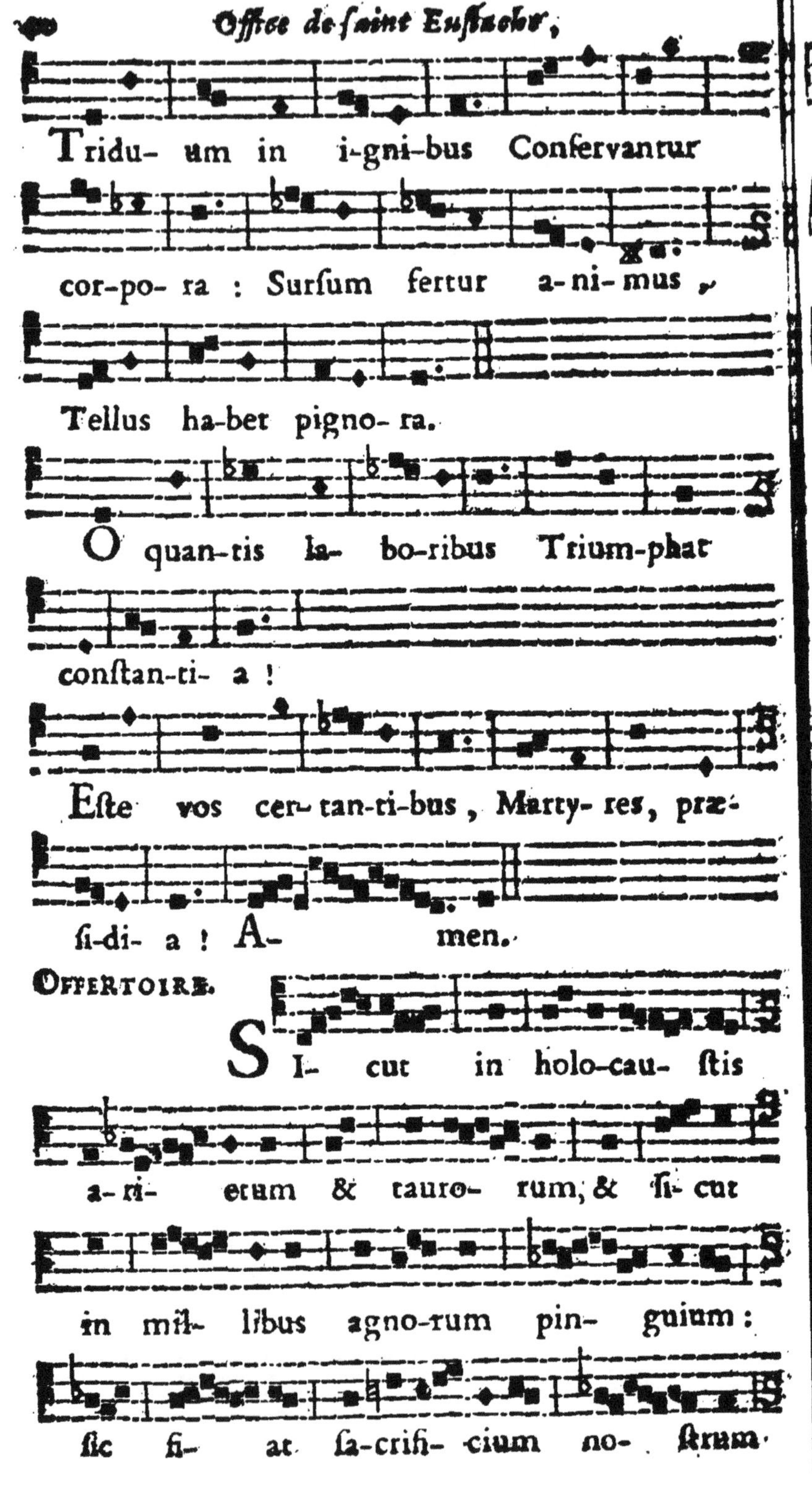
Tridu- um in i-gni-bus Conservantur
cor-po- ra : Sursum fertur a-ni- mus,
Tellus ha-bet pigno- ra.
O quan-tis la- bo-ribus Trium-phat
constan-ti- a !
Este vos cer-tan-ti-bus, Marty- res, præ-
si-di- a ! A- men.
OFFERTOIRE.
SI- cut in holo-cau- stis
a-ri- etum & tauro- rum, & si- cut
in mil- libus agno-rum pin- guium :
sic fi- at sa-crifi- cium no- strum.

in conspe- ctu tu- o ho- di- e, ut
pla- ce-at ti- bi; quoniam non
est confu- si- o con-fi-den-ti-bus in
te, Do- mine.
COMMUNION.
Du 1. en A.
VO- bis da- tum est pro
Chri sto non so- lùm ut in e- um
cre- da- tis, sed ut e- ti-am pro
il- lo pa- ti-a- mini.

LE XXIV. AOUST.

LA FESTE DE SAINT LOUIS.

Pseaumes de la Férie à tout l'Office.

AUX I. VESPRES.

regnare fe-ci-ſti ſer- vum tu-um pro
pa-tre me-o ; e-go autem ſum pu-er
parvulus : dabis ergo ſervo tu-o cor do-
ci-le , ut populum tu- um judi-ca-re
poſſit , al- le- luia.
Ant. 4. E. Stolam glo-ri-æ indu-it
e- um Dominus , & coronam gratula- ti-o-
nis ſuperpo-ſu-it e- i , al-le-luia.
Ant. 6. F. De- di ti-bi cor ſa-
piens & in-tel-ligens ; ſed & hæc quæ non

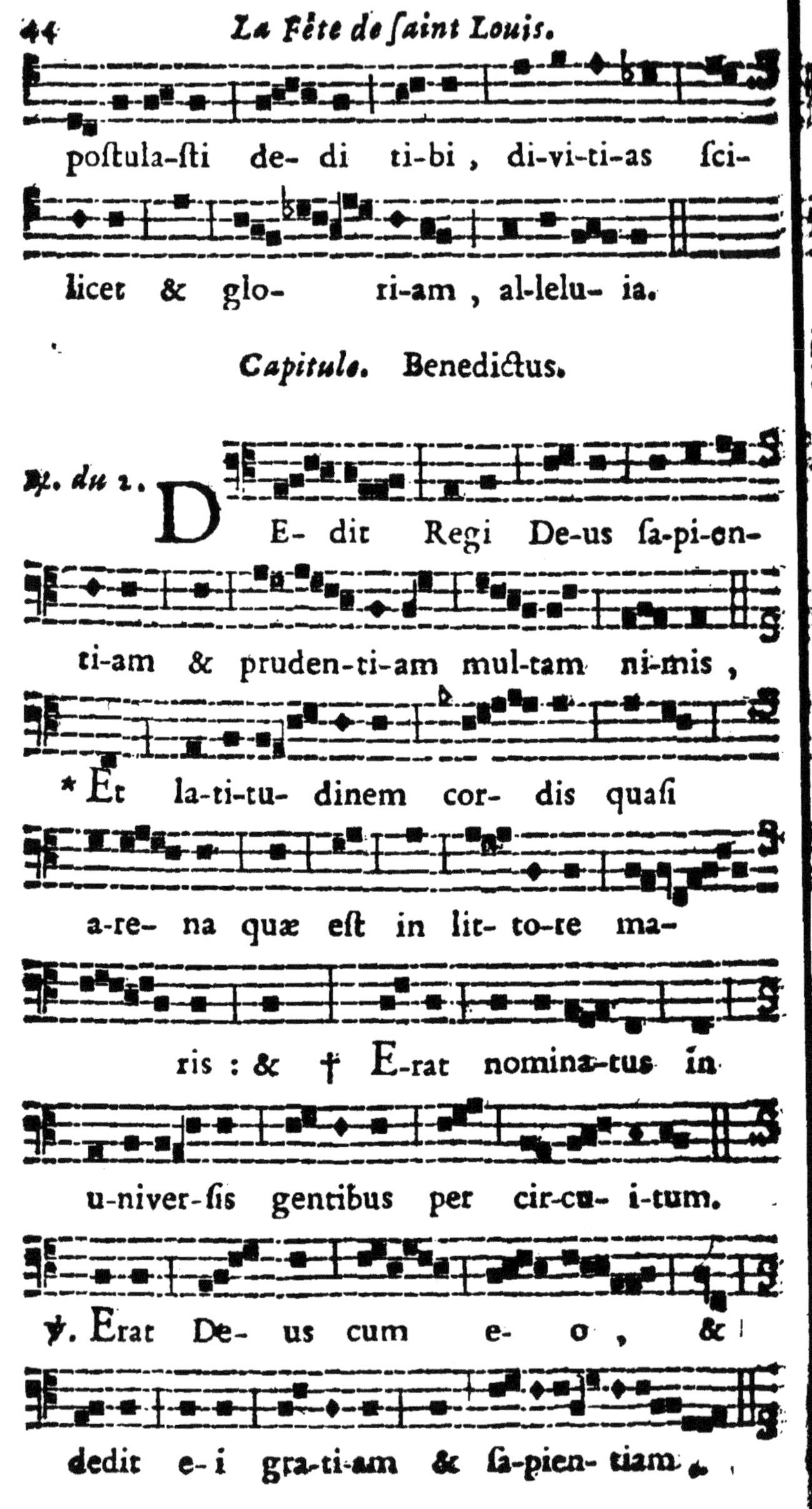
postula-sti de- di ti-bi , di-vi-ti-as sci-
licet & glo- ri-am , al-lelu- ia.
Capitule. Benedictus.
ꝶ. du 2. DE- dit Regi De-us sa-pi-en-
ti-am & pruden-ti-am mul-tam ni-mis ,
* Et la-ti-tu- dinem cor- dis quasi
a-re- na quæ est in lit- to-re ma-
ris : & † E-rat nomina-tus in
u-niver-sis gentibus per cir-cu- i-tum.
℣. Erat De- us cum e- o , &
dedit e- i gra-ti-am & sa-pien- tiam.

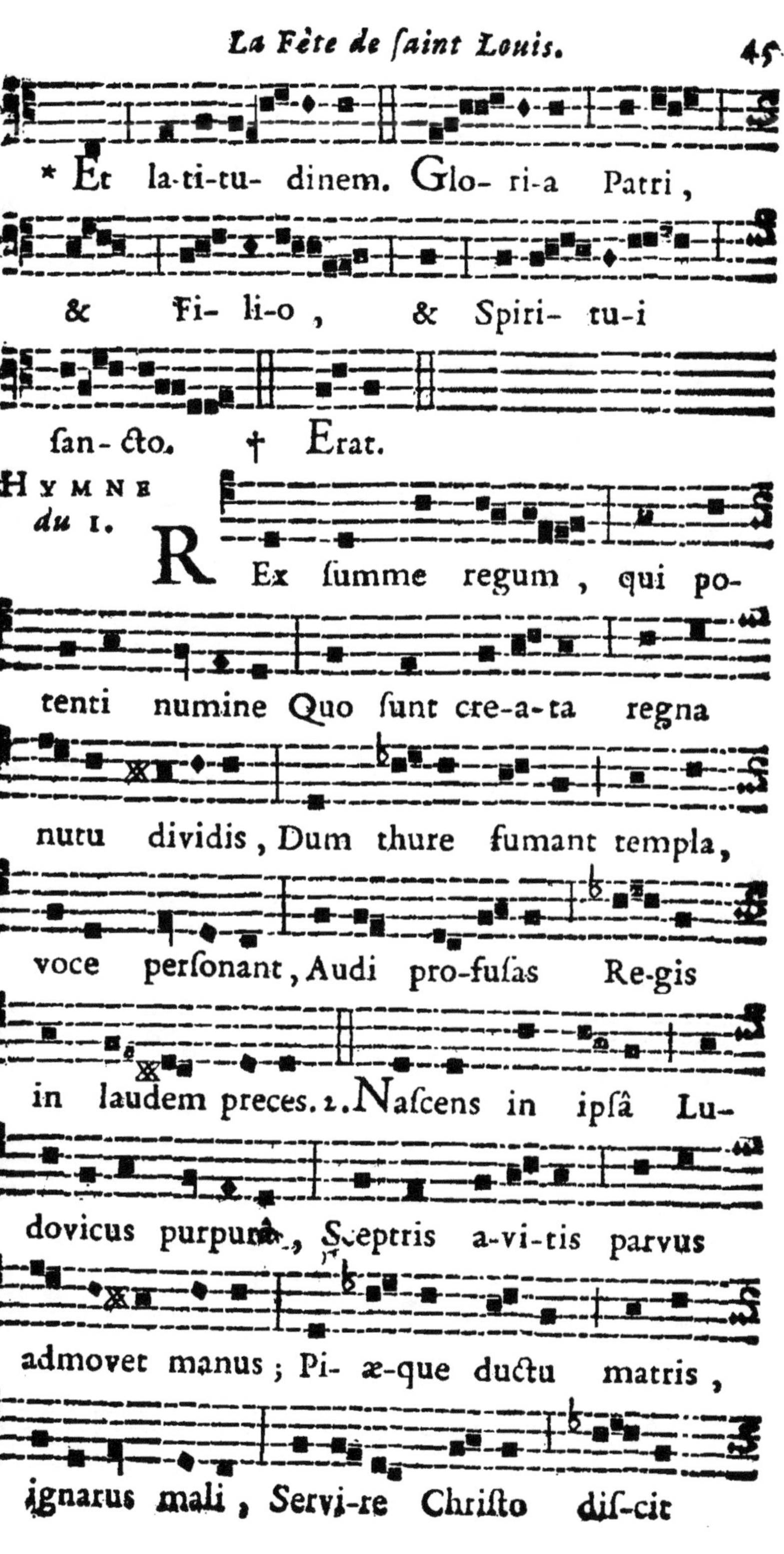
* Et la-ti-tu- dinem. Glo- ri-a Patri,
& Fi- li-o, & Spiri- tu-i
san- cto. † Erat.
HYMNE du I.
Rex summe regum, qui po-
tenti numine Quo sunt cre-a-ta regna
nutu dividis, Dum thure fumant templa,
voce personant, Audi pro-fusas Regis
in laudem preces. 2. Nascens in ipsâ Lu-
dovicus purpurâ, Sceptris a-vi-tis parvus
admovet manus; Pi- æ-que ductu matris,
ignarus mali, Servi-re Christo dis-cit

antequam regat. 3. Justi se-verus cultor,
urbes legibus, Amo-re ci-ves continens,
hostes metu: Pi-e-ta-te cœlum flectit, a-ras
exci-tat; De-o-que templa, te-cta nudis
e-ri-git. 4. Mox Christi-ani serus ultor
sanguinis, Emensus æquor, inque littus
barbarum Vexil-la pandens, urget armis im-
pi-os, Uuoque vi-tam pro De-o pasci-
ci-tur. 5. Sit Trini-ta-ti sempi-terna glo-
ri-a, Honor, potestas atque ju-bi-lati-o,
In u-ni-ta-te, quæ gubernans omni-a, Per

℣. Prævenisti eum, Domine, in benedictionibus dulcedinis : ℟. Poſuiſti in capite ejus coronam de lapide pretioſo.

Mémoire de ſaint Barthelemi.

℣. Pro patribus tuis nati ſunt tibi filii : ℟. Conſtitues eos principes ſuper omnem terram.

F I N.

OFFICE DE SAINTE AGNÉS.

AUX I. VESPRES.

A

qui-a mi-ſe-ricordi-a tu-a magna eſt
ſuper me.
Ant. 5. C. Me propter innocenti-am
ſuſce-pi-ſti, & confirmaſti me in con-
ſpe-ctu tu-o in æternum.
Ant. 1. D. Fortitu-do me-a & laus me-a
Do-minus, & fa-ctus eſt mi-hi in ſa-
lu- tem,
Ant. 2. D. E- go, ſi-cut o-li-va
fru-cti-fe-ra in domo De- i, ſpera-

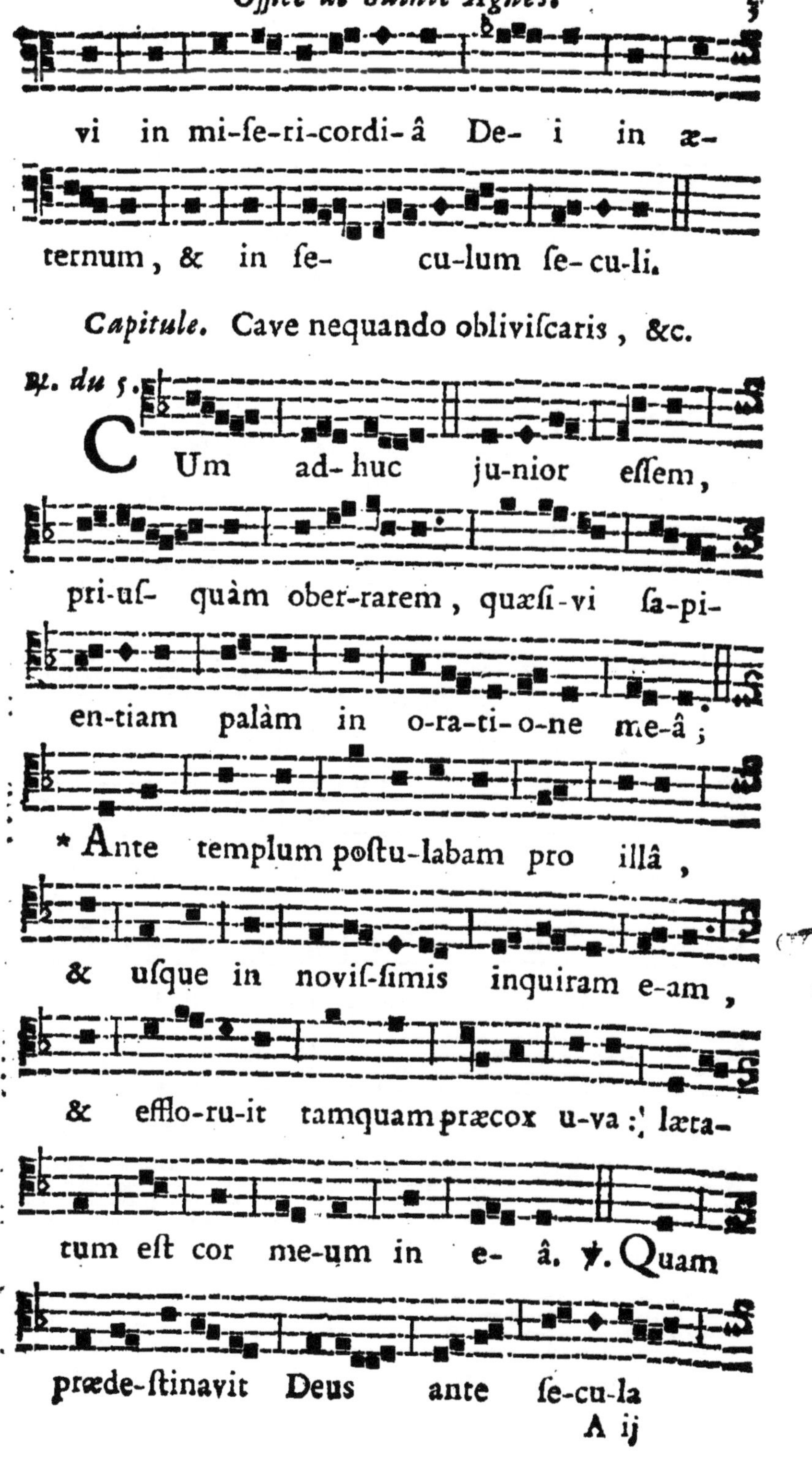
vi in mi-se-ri-cordi-â De- i in æ-
ternum, & in se- cu-lum se-cu-li.
Capitule. Cave nequando oblivifcaris, &c.
℞. du 5.
CUm ad- huc ju-nior essem,
pri-us- quàm ober-rarem, quæsi-vi sa-pi-
en-tiam palàm in o-ra-ti-o-ne me-â;
* Ante templum postu-labam pro illâ,
& usque in novis-simis inquiram e-am,
& efflo-ru-it tamquam præcox u-va:¦ læta-
tum est cor me-um in e- â. ℣. Quam
præde-stinavit Deus ante se-cu-la

in glo-riam no-ſtram , quam nemo prin-
cipum hujus ſe-cu-li cogno- vit , * Ante.
Glo- ri-a Pa- tri , & Fi- li-
o , & Spiri- tu-i ſan- cto.
* Ante.
HYMNE du I.
HUmana quid non pectora , ſi
faves , O Chriſte , poſſunt ? auſpi- ce te ,
truces Imbellis i-ras , atque dulces Il-le-
cebras ſupe-rat Puel-la. 2. Infirma mundi
ſci-licet e- ligis , Ut conte-rantur for-ti-a :
nobi-lis Hinc venit Agne-ti cru-en-tas

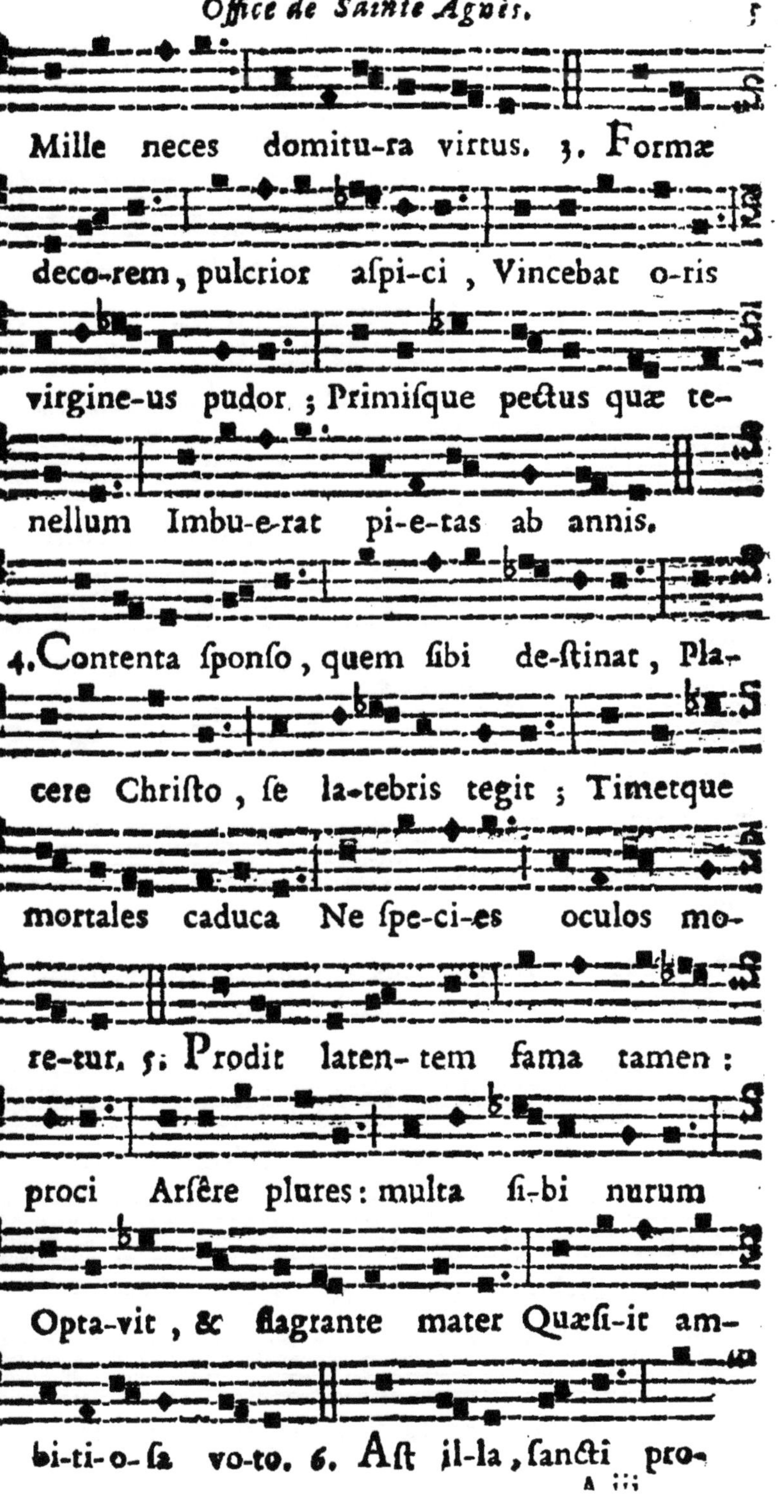
Mille neces domitu-ra virtus. 3. Formæ
deco-rem, pulcrior aſpi-ci, Vincebat o-ris
virgine-us pudor ; Primiſque pectus quæ te-
nellum Imbu-e-rat pi-e-tas ab annis.
4. Contenta ſponſo, quem ſibi de-ſtinat, Pla-
cere Chriſto, ſe la-tebris tegit ; Timetque
mortales caduca Ne ſpe-ci-es oculos mo-
re-tur. 5. Prodit laten-tem fama tamen :
proci Arſêre plures : multa ſi-bi nurum
Opta-vit, & flagrante mater Quæſi-it am-
bi-ti-o-ſa vo-to. 6. Aſt il-la, ſancti pro-

po-ſi-ti tenax, Preces amantûm reſpu-it;
& tibi; Se, Chriſte, totam perſtat u-ni
Perpe-tu-o ſo-ci-a-re pacto. 7. Laus ſumma
Patri, ſummaque Fi-li-o: Sit, ſancte, compar laus ti-bi, Spi-ritus, Quo flante puras
ca-ri-ta-tis Conci-piunt pi-a corda flammas. A- men.
℣. Deus in medio ejus; non commovebitur:
℟. Adjuvabit eam Deus manè diluculo.
A Magni-ficat.
Ant. 6. C. Sci-ent qui-a
e-go di-le-xi te, & e-go ſervabo
te ab horâ ten-ta-ti-o-nis, quæ ventura

eſt in orbem u-niverſum, tentare ha-bi-
tantes in terrâ.
A COMPLIES, Pſ. de la Périe.
Ant. 8. G. In pace, in idipſum
dor- miam & requi-eſcam; quoniam tu,
Do-mine, ſingula-riter in ſpe conſtitu-
iſti me.
A Nunc dimittis.
Ant. 4. E. Si ambu-lavero
in medi-o umbræ mor-tis, non timebo
ma-la; quo-ni-am tu mecum es.

A L'OFFICE DE LA NUIT.

ci-is i-ra tyranni. 3. Hostem fortis amor
vincet utrumque, Alter spondet opes, spondet ho-nores: Sponsi sed placu-it cui decor
Agni, Huic terrena placet nulla voluptas.
4. Alter sacri-legas trudit ad a-ras; Inten-
tatque minas, verbe-ra, mortem: Sed tormenta
ti-bi quot nova promit, Tot nectit capi-ti,
Virgo, coro-nas. 5. Deerat suppli-ci-um ma-
jus: hono-ri (Quid non impi-e-tas i-raque
suadent?) Probrum virgine-o turpe pa-ratur,
Quod toto re-dimat sanguine vir-go.

6. Eheu ! quid fa-ceret ? lumina cœlo, Attol-
litque manus : flammea victrix Frangit tela
fides ; seque li-bido Calcatam propri-â
frendet in arce. 7. Sit laus inge-nito summa Paren-ti ; Sit par u-nige-næ glo-ri-a Na-
to : Quo sexus fragi-lis dante tri-umphat ,
Amborum simi-lis laus sit Amo-ri. A- men.
AU I. NOCTURNE.
Ps. 8. Domine Dominus noster.
Ant. 1. a. Con-si-de-
ra-bant fa-ci-em e-jus , & e-rat in o-
cu-lis e- o-rum stu- por ; quo-ni-am pulcri-

℣. Omne deſiderium averte à me, Domine : ℟. Et animæ irreverenti & infrunitæ ne tradas me.

℟. du 3.
TU scis, Domine, qui- a num-
quam concu-pi- vi vi-rum, & mundam ser-
va- vi animam me-am ab omni concu-
piscen-ti-â; neque cum his qui in le-vi-
ta-te ambulant parti- ci-pem me præ-
bu-i: * Il-li me non fu- e- runt digni;
† Qui-a a- li-i conserva- sti me.
℣. An quæ-ro homi-nibus pla-
ce- re? * Illi. Glo- ri-a
Patri, & Fi- li-o, & Spi-ri-
tu-i san- cto. † Quia.

iij. R. du 4.
NOn co-lo i-do- la manu-
fa- cta, sed viventem De- um, * Qui cre-
a- vit cœ- lum & ter- ram, &
ha-bet pote-sta-tem o- mnis carnis.
℣. Nihil est i-do-lum in mundo; nullus est De-us ni-si
u- nus, * Qui. Glo-ri-a
Pa-tri, & Fi- li- o, & Spi-ri- tu-
i san- cto. * Qui.
iij. R. du 2.
ANgu- sti-æ mi-hi sunt
un- dique: * Si e-nim hoc e-gero,

On répéte le ℟. *juſqu'au* ℣. Ut Deo. *excluſivement.*

AU II. NOCTURNE.

Pſ. 44. Eructavit cor meum.

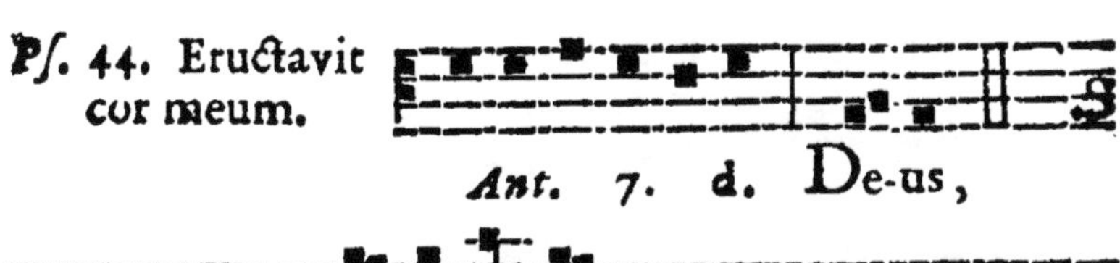

Ant. 7. d. De-us,

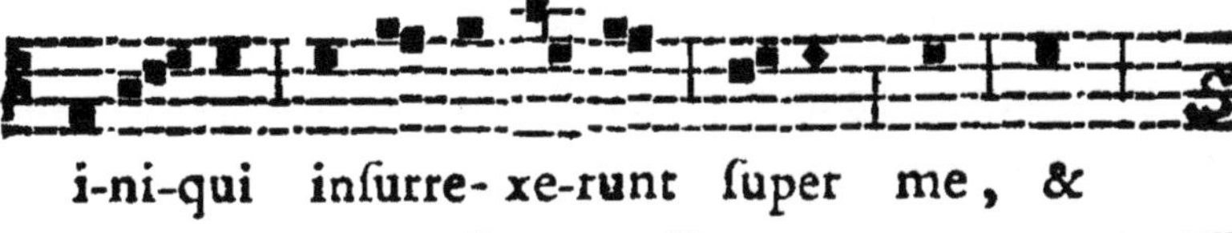

i-ni-qui inſurre- xe-runt ſuper me, &

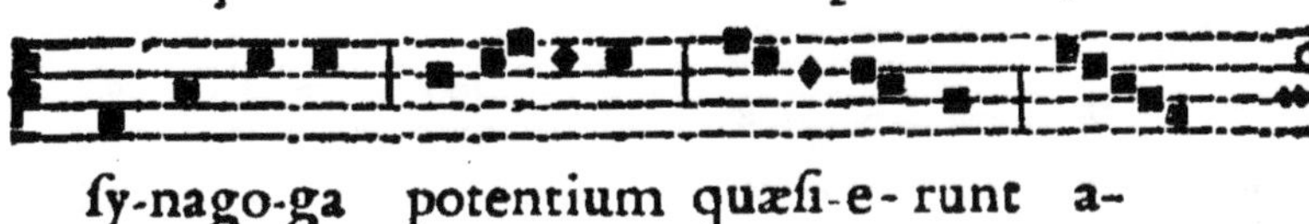

ſy-nago-ga potentium quæſi-e- runt a-

nimam me-am.

Pſ. 45. Deus noſter refugium.

Ant. 4. E. Ad

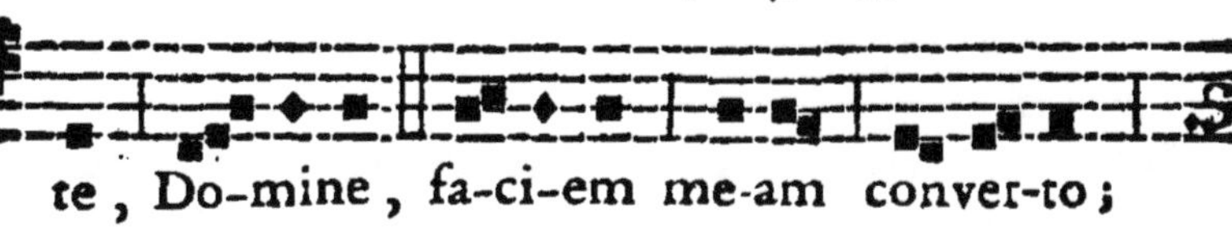

te, Do-mine, fa-ci-em me-am conver-to;

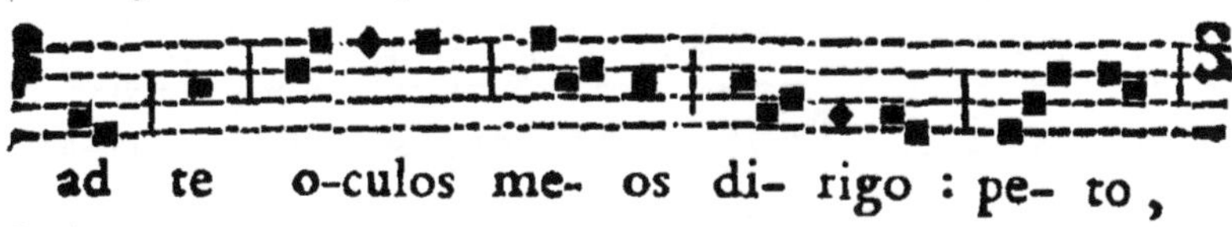

ad te o-culos me- os di- rigo : pe- to,

Domine, ut de vin-cu-lo imprope-ri-i

hu-jus ab- ſolvas me.

Pſ. 47. Magnus Dominus.

Ant. 8. G. Ni- hil ho-

rum ve- re-or, nec fa-ci-o animam me-
am pre-ti-o-si-o-rem quàm me.
℣. In Deo speravi : ℟. Non timebo quid faciat mihi homo.
iv. ℟. du 1.
Invo-ca- vi Do- minum patrem
Do- mini me- i, ut non de-relin-quat
me in di- e tri-bula-ti-o- nis me- æ,
& in tem-po-re superborum, si- ne ad-
ju- to-ri-o. *Nomen tu-um, Domine, collau-
da- bo in confes-si- o- ne; & exaudi-
ta est ora- ti- o me- a. ℣. Nunc,
Domine, res-pice in mi-nas e- e-

rum, & da cum omni fi-du-ci-â lo-
qui ver-bum tu- um. * Nomen. Glo-
ri-a Pa-tri, & Fi-li-o, & Spi-
ri-tu-i san-cto. * Nomen.
v. R. du 7.
E C-ce De-us salva-tor me-us:
fi-duci-ali-ter a-gam, & non time-bo;
* Qui- a forti-tu-do me- a & laus me-a
Do-minus, & fa-ctus est mi-hi in sa-
lu- tem. ℣. Omni-a possum in
e-o qui me confor- tat; * Qui- a.
Glo- ri-a Pa-tri, & Fi-li-o,

& Spi-ri- tu-i san- cto.
* Qui- a.
vj ℟. du 8.
V I- vit Dominus, quo- ni-am
custodi- vit me Ange-lus e- jus ; * Et
† Non permi-sit me Do-minus ancillam
su- am co-inquina-ri, sed si- ne pol-lu-ti-
o-ne pec- ca-ti re- vo- ca- vit me.
℣. Dominus mi-hi a-sti-tit & confor-ta-
vit me ; libe-ra-vit me ab omni o-
pe-re ma- lo, * Et non. Glo-ri-a

On répéte le ℟. *juſqu'au* ℣. Dominus. *excluſivement.*

A V I I I. N O C T V R N E.

Pſ. 95. Cantate Domino.... omnis terra.

Pſ. 96. Dominus regnavit, exultet terra.

Ps. 97. Cantate Domino... quia mirabilia fecit.
Ant. 8. G. Mirabantur e- jus a-nimum, quòd tamquam
nihilum du- ce- ret cru- ci- a- tus.
℣. Deus præcinxit me virtute, ℟. Et posuit immaculatam viam meam.
vij. ℟. du 5.
DI- xit i-nimicus se ju-venes
occi-surum gla- di-o, dare & vir-
gines in ca-pti- vi-ta-tem; Dominus autem no-cu-it e- um: * Non e- nim
fi- li-i Ti- tan, nec excel- si gigantes
oppo-su-e- runt se il-li; sed fi-li- a dis-
sol- vit e- um. ℣. Quod in-firmum est

De- i, for- ti- us eſt homi- nibus :
* Non e-nim. Glo- ri- a Pa-tri, &
Fi-li-o, & Spi-ri-tu-i ſancto. * Non
e- nim.
viij. ℟. du I.
INfirma mundi e-le-git De-us,
ut conſundat for-ti-a ; * Ut non glo-ri-
e-tur omnis ca-ro in conſpe- ctu
e- jus. ℣. Non de-ſe- ru-it ſperan- tes
in ſe, & in me ancil-lâ ſu-
â adimple- vit mi-ſe-ri-cordi-am ſu-
am ; * Ut non. Glo- ri-a Pa-

tri, & Fi- li- o, & Spi-
ri- tu- i san- cto. * Ut non.
ix ℟. du 6.
PRobavit me De- us qua-si
aurum quod per ignem tran- sit: * Ve-sti-
gi- a e- jus se-cu-tus est pes me-us;
vi-am ejus custo- di-vi, & non de-cli-
na-vi ex e- â. ℣. Gra- ti- as a- go
e-i qui me conforta-vit, Christo Je-su
Do-mino no-stro: * Vesti- gi-a. Glo-ri-a
Pa- tri, & Fi-li- o, & Spiri- tu-i
san- cto. * Vesti-gi-a.

On répète le ℟. *jusqu'au* ℣. Gratias ago. *exclusivement.*

Te Deum.

℣. *Sacerd.* Arcus fortium superatus est ; ℟. Et infirmi accincti sunt robore.

A LAUDES,

Ps. du Dimanche, excepté le Cantique ci-après, p. 24.

Ant. 4. d. Tribu-la-ti-onem & do-lo-rem in-veni, & nomen Domini invo-

ca-vi ; custodi-ens parvulos Do- minus ,
li- be- ra- vit me.
Cantique, Dominus petra mea, & robur meum, & Salvator meus.
Ant. 2. D. E-ripu- isti me de tem-
pore iniquo ; pro- pter-e-à con-fi-te-bor
& laudem dicam ti-bi , & bene-di-
cam no- mini Do-mini.
Ant. 5. C. Col-laudabo te De- um
Salva-torem me- um ; quoni-am adju-tor
& pro-te- ctor factus es mi-hi , & libe-
ra-sti corpus me-um à perdi- ti-o-ne.

Capitule

Capitule, Dominus mecum est.

genero-ſa pectus. 4. Arcta- tur a-tro
carce-re, ferre-is Stringenda palmas, collaque
nexibus; Sed colla, ſed palmas pu-ellæ Nulla valent re-liga-re vincla. 5. Inſa-ni-en-ti
tum pudor aut modus Nullus tyranno: parva
lita-bitur Agnes furo-ri; nec te-nella im-
minu-et rabi-em juven-tus. 6. In corpus, inquit, barba-re, ſævi-es; Truncum jace-bit: ſed
me-li-or me-î Pe-renne vivet pars in ævum,
Cœ-litu-um ſo-ci-anda turmis. 7. Sit laus Paren-ti: quo du-ce ſu-ſcipit Certamen Agnes,

glo-ri-a Fi-li- o : Qui præ- li-anti ro-bur af-
fert, Spi-ri-tu- i sit honos perennis.
Amen.
℣. In hoc cognovi quoniam voluisti me, Domine;
℞. Quoniam non gaudebit inimicus meus super me.
Bene-dictus.
Ant. 1. D. Erit hoc me-
mo-ri-a- le no-minis tu- i, Do-mine,
cùm manus feminæ de-je- cerit e- um:
non e- nim super- bi ab i- ni-ti-o
pla-cu-e-runt ti- bi; sed humi- li-um &
mansu- e-to-rum sem- per ti-bi pla-cu-it
depre-ca- ti-o.

A PRIME, *Ant.* Fecisti.

A TIERCE, *Ant.* In velamento.

℟. *br.* Invoca me in die tribulationis ; * eruam te, * Alleluia, alleluia. Invoca me. ℣. Et honorificabis me, * Alleluia, alleluia. Gloria. Invoca me.

℣. Spera in Domino, & ipse faciet ; ℟. Et educet quasi lumen justitiam tuam.

A SEXTE, *Ant.* Tribulationem.

℟. *br.* Expecta Dominum, * & viriliter age, * Alleluia, alleluia. Expecta. ℣. Confortetur cor tuum, * & sustine Dominum, * Alleluia, alleluia. Gloria Patri. Expecta.

℣. Scapulis suis obumbrabit tibi : ℟. Scuto circumdabit te veritas ejus.

A NONE, *Ant.* Collaudabo te.

℟. *br.* Dominus custodit te, * Dominus protectio tua, * Alleluia, alleluia. Dominus custodit. ℣. Super manum dexteram tuam, * Alleluia. Gloria. Dominus.

℣. Redimit Dominus de interitu vitam tuam ℟. Qui coronat te in misericordiâ & miserationibus.

AUX II. VESPRES,

Ps. 109. Dixit Dñs Domino meo,

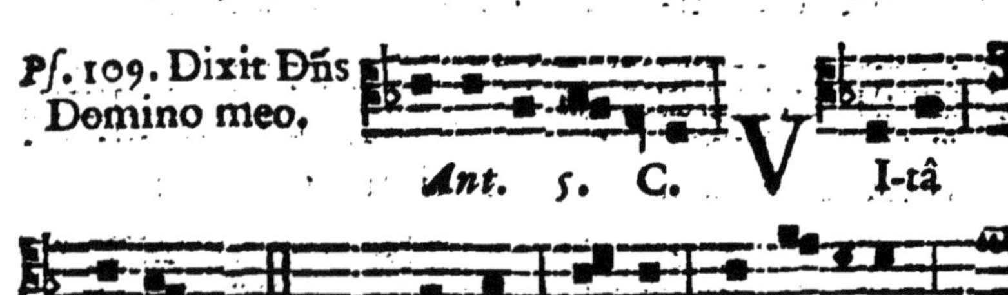

Ant. 6. F. Quæ ſtulta ſunt

mundi e-legit De-us, ut confundat sa-
pi-en-tes; & infirma mundi e- le-git
De- us, ut confundat for- ti- a.
Ps. 147. Lauda, Jerusalem.
Ant. 3. a. Novit Do-
minus di-es immacu-la-torum, & hæ-re-
di-tas e o- rum in æ-ter-num e- rit.
Capitule, Dabitur illi.
HYMNE du I.
NOn sic juga-li de-bita vin-
culo, Gaudens ad a-ras sponsa vo-lat, neces Ut ad para-tas, de-sti-na-ta Supplici-o
prope-rabat Agnes. 2. Fleve-re cuncti: tol-

li-te lacrymas, Hæc grata mors est: Numi-
nis in ſinu Jam vi-vo, di- xit, ſponſa regi Devo-ve-or ſo-ci-anda Chriſto.
3. Quid non, ut a-tros in-cu-te- ret metus,
Præſes pa-ravit? blandi-ti-is pro-ci Rur-ſum
laceſſunt: Virgo rurſum blandi-ti- as, ra-
bi-emque temnit. 4. Tortor, mora- ris? Sponſus
a- deſt; De-um Sequar vocantem: percu- te,
jam licet, Heu! vi- le corpus quod profa-ni
Ex-a-cu-it ſtimulos amo- ris. 5. Sic fa- ta.

Chriſtum ver-tice cernu-o Supplex ado-rat :
Virgi-nis impi-us Pal-let pe-ri-clo mi-les ;
ipſa Impavi-do vi-det o-re mortem.
6. Percuſ-ſa cervix proci-dit : emicat Cru-or
ſub auras : ſic ti-bi contigit , O Virgo , pal-
mam ca-ſti-ta-tis, Mar-ty-ri- i decorare lau-
ro. 7. Sit ſumma Pa-tri , ſummaque Fi-
li- o, Æterne , par ſit laus ti-bi , Spiritus :
inſun-de ſanctum , quo tyrannos Edomu-it
pi-a Virgo, ro-bur. Amen.

℣. Super senes intellexi ; ℟. Quia mandata tua quæsivi.

A COMPLIES, *on dit les Pseaumes du Dimanche, les Ant. comme hier*, p. 7.

LE DIMANCHE DANS L'OCTAVE.

Tout l'Office comme au jour de la Fête, excepté ce qui suit.

Le Samedi précédent on dit les Pseaumes du Samedi sous la seule Ant. Hæc dicit, *qui est la premiére des I. Vêpres de la Fête.*

Capitule, Cave nequando.

On ne dit point de Répons.

L'Hymne, le ℣. *& l'Ant. à* Magnificat. *comme aux I. Vêpres de la Fête.*

Mémoire du Samedi avant le Dimanche occurrent, comme au Breviaire.

A L'OFFICE DE LA NUIT, Pſeaumes du Dimanche. Le reſte comme au jour de la Fête.

LE JOUR DE SAINTE AGNÈS.

A LA MESSE.

INTROIT, *du* I.

e- os de ma-nibus gen- ti-um.
Au Tems Pascal,
Al-le- lu- ia, al- le-
lu- ia. Ps. Exurgat De- us, &
dis-sipentur inimi-ci e-jus, & fu-gi-ant
qui oderunt e-um à fa- ci- e e- jus.
℣. Glo- ri- a. secu-lo-rum. A-men.
GRADUEL, du 5.
NOn su-pergaude-ant
qui adver-santur mi- hi i- ni-
què, qui oderunt me gra- tis, &
an-nu-unt o- cu-lis. ℣. Mi-hi qui

*Après la Septuagéſime , on omet l'*Alleluia. *& ſon* ℣. *& la Proſe, & on chante le Trait du* 2. *en* D.

gres-sus me- os ; juxta i- ter
scan- dalum po-su- e-runt mi- hi.
Di- xi Do- mino : De- us me- us
es tu ; exaudi , Do- mine, vo-
cem depre-ca- ti- o- nis me- æ. Domi-ne,
Do- mine, virtus salu-tis me- æ,
ne tra- das me à de- si-
de- ri- o me- o pec-ca-to- ri.
Après Pâque, du 1. en A.
Alle-lu- ia. Al-le-lu-
ia. ℣. In-firma mun-

di e- le- git De- us,
ut con- fun- dat for-
ti- a.
Du 8.
Al- le- lu- ia. Al le- lu-
ia.
℣. De- us præcin- xit me vir-tu- te,
& po- ſu-it imma- cula- tam vi-
am me- am.
Prose du 1.
TOtus orbis admi-randam
Ce-le- bret nunc virgi- nem: Super annos

& spectandam Canat for-ti- tu-di-nem.
Plenum laudis præfert nomen; Ament illud
parvu- li: Grande currit in cer- tamen;
Senes adsint æmu- li.
Quot mor-ta-les, tot præ- cones Agne-ti con-
gaude- ant: inter sævos & mu- crones Ad
in-victam stu-pe- ant.
Tu ty- rannos de- bel- lasti, Fragi- lis in-
fan-ti- a; Tu se- curus, tri-umpha-sti,
Pu-dor, per sup-pli-ci- a.

Probat im-pa- vi-dam Manus car-ni- fi- cis :
Vin-ci-ri cu-pi- dam Tu, De-us, ef-fi-
cis.
Pa-ti jam nef-ci- a, Pœnis ac- cingi-
tur : Vi-tæ vix confci- a, Membris e- xu-
i- tur.
Prodi- ga fangui-nis, Pe- nè quem haufe- rat :
Con-temptrix lumi- nis quod vix af- pe-
xe- rat.
Vix lingua fol-vi- tur, De- i præco-ni- a,
jam teftis loqui- tur, Si-gnat & ho-fti- a.

Fomes pec- ca-ti, dif-ce- de: Mortis efca,
jam re- cede: Vah! te fponfum abnu- o.
Juncta fpon- fo pulcri- o- ri, Terra- rum-
que Con-dito-ri, Thoros vi- les refpu- o.
Sacris mo- ni-li- bus nunc a-mictam, Caftis
amplexi- bus Nunc adftrictam me def- pon-
dit.
Quàm e-le- ganti- or E-jus vultus! Quàm
co- pi- o-fi- or Doctis fructus Quem ef-
fun- dit!
Quid mo- ra-ris, ô per- cuffor! Sponfus fer-

vat ; is de- fenſor Neſ-ci- et de- fi- ce- re.
Specta- to-res pal-lu- erunt : Per-cuſ- ſores
tremu- erunt ; U-na Vir-go plaude- re.
Quò tendebat ſic re-ſpe-xit , Spe vel mi-nis
al-ti- or : Quod ter- re-bat ſic deſ-pe-xit ,
Fe-ri- ente forti- or.
Immor-ta-li cum de- core Vi-tam De- us
reddi- dit , Tormen- torum dum hor-rore
Vi-tam virgo perdi- dit.
Agnes Agno ſo-ci- a- ta , Sponſa gem-
mis co-rona-ta , Victrix palmis ad-orna-

ta, nos è cœli, fortu-na-ta, Pro-te-ge

pa-la- ti-is.

Doce pompas nos calca- re, & To-

nan-ti mi-li-ta-re: Do-ce palmas re-

porta- re, & æternis exul- ta- re Te-

cum cinctos li- li-is. A- men.

Offertoire, *du* 1. *en* D.

In me sunt, De- us,

vo-ta tu-a, quæ red- dam lau-da-ti- o-

nes ti- bi; quo- ni-am e-ri- pu-

i- sti a- ni-mam me- am de mor-te,

& pe- des me- os de la- pſu.
Pour le Tems Paſcal,
Alle- lu- ia.
COMMUNION, *du 2.*
SEcun- dùm mul-ti- tu- dinem dolo- rum me- o- rum in corde me- o, conſo-la-ti- o- nes tu- æ læ-ti- fi-ca-ve- runt a- nimam me- am.
Pour le Tems Paſcal,
Alle- lu- ia.

LA FESTE DES RELIQUES DE SAINTE AGNÉS.

GRAND-SOLEMNEL.

AUX I. VESPRES.

Pseaumes du Samedi, & les Antiennes des I. Vêpres du jour de la Fête, p. 1. *en ajoutant* Alleluia. *à la fin.*

Capitule. Fratres.

℟. *du 6.* Dominus adju-tor me-us, & pro-tector me- us; * In ip-so spe-ra-vit cor me- um, & † Reflo-ru-it ca- ro me- a, al-le- lu-ia. ℣. Gra-ti-as a- go e-i qui me conforta-vit, Chri-sto Je-su Do-mino no-

Hymne, Humana. *ci-devant*, pag. 4.

℣. Omnia oſſa mea dicent : ℟. Domine, quis ſimilis tibi ?

Mémoire du Samedi occurrent.

A COMPLIES, *comme au jour de la Fête*, p.7. *en ajoutant* Alleluia. *à la fin de chaque Antienne.*

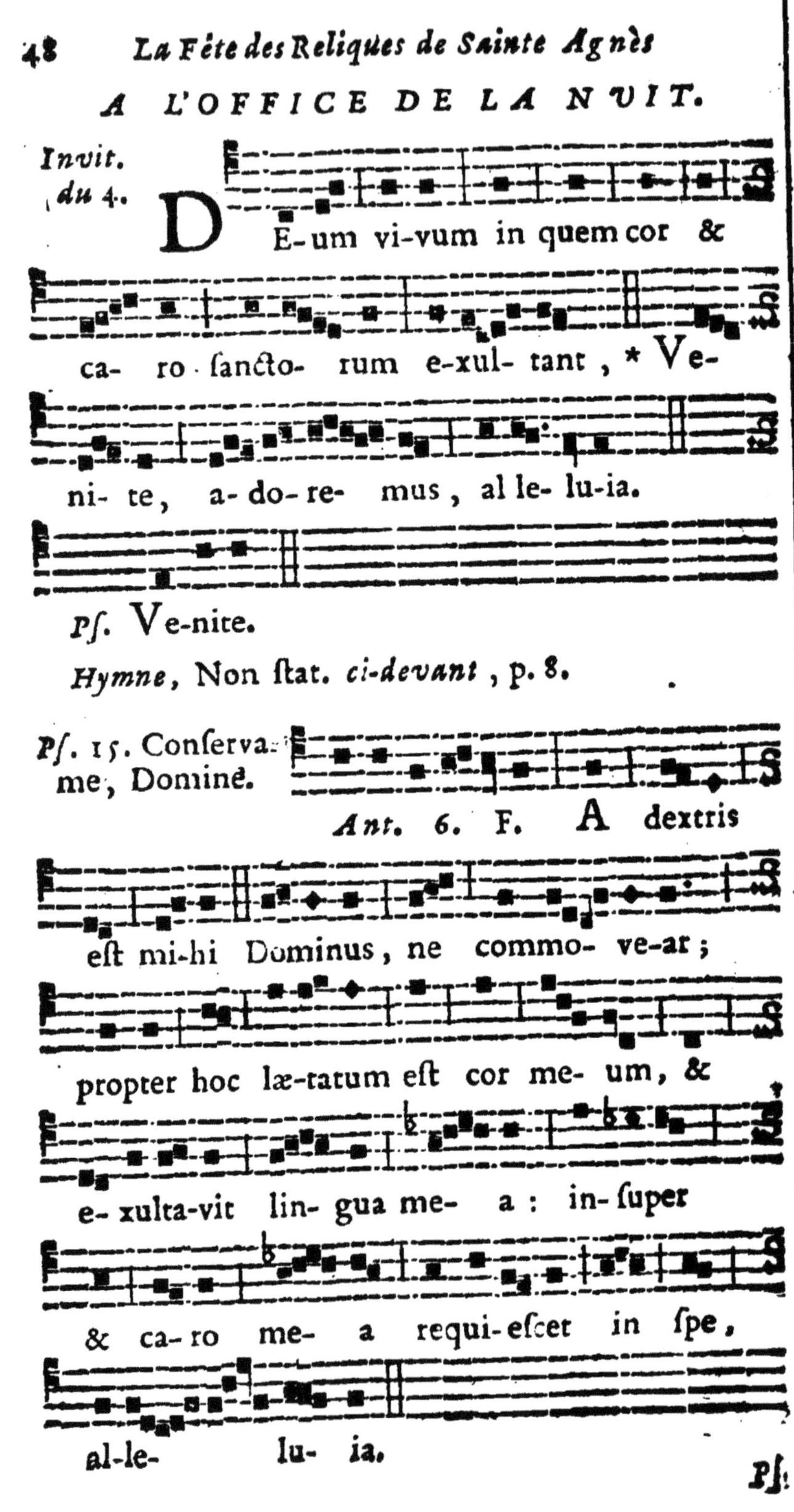
A L'OFFICE DE LA NUIT.
Invit. du 4.
DEum vi-vum in quem cor &
ca- ro sancto- rum e-xul- tant, * Ve-
ni- te, a- do- re- mus, al le- lu-ia.
Ps. Ve-nite.
Hymne, Non stat. ci-devant, p. 8.
Ps. 15. Conserva me, Domine.
Ant. 6. F. A dextris
est mi-hi Dominus, ne commo- ve-ar;
propter hoc læ-tatum est cor me- um, &
e- xulta-vit lin- gua me- a: in- super
& ca- ro me- a requi- escet in spe,
al-le- lu- ia.
Ps.

℣. Exultabunt Domino ℟. Ossa humiliata.

j. ℟. du 4.
QUorum non est corruptum
cor, qui non aversi sunt à Domino, * Ossa eorum pullulent
de loco suo, & nomen eo-
rum permaneat in æternum, alleluia. ℣. Ut vitam habeant,
& abundantiùs habeant;
* Ossa.
ij. ℟. du 2.
SAlvatorem expectamus Do-
minum nostrum Jesum Christum, * Qui
reformabit corpus humilitatis no-

stræ, confi-gura-tum corpo-ri clari-ta-tis
su- æ, al-le- lu- ia. ℣. Custo-dit
Do- minus omni- a os-sa e-o-
rum, unum ex his non confite- re-
tur. * Qui.
iij. ℟. du 5.
A- Bsorpta est mors in victo-ri-
a, al-le-lu-ia. * U-bi est, mors, victo-
ri-a tu-a? u-bi est, mors, sti-mulus
tu- us? † De- o gra-ti-as, qui de-dit
victo-ri-am per Dominum nostrum Je-sum

Te Deum.

℣. *Sacerd.* Videte quia modicum laboravi, ℟. Et inveni mihi multam requiem.

A LAUDES, Ant. comme ci-devant, pag. 23.

Capitule. Orietur.

Hymne, Non parva laus. *ci-devant*, p. 25.

℣. Tamquam lignum plantatum secus decursus aquarum, ℟. Fructum suum dabit in tempore suo.

A Benedictus.

Ant. 3. a. Sci- mus quo-

niam si terre- stris domus nostra hujus

habi-ta-ti-o-nis dissolva- tur, quòd æ-di-fi-

ca-ti-o-nem ex De-o habe- mus, domum

non manufactam, æternam in cœ- lis,

alle- lu- ia.

On fait mémoire du quatriéme Dimanche après Pâque.

AUX HEURES, comme à la premiere Fête, en ajoutant Alleluia. *à la fin des Antiennes.*

AUX II. VESPRES.

Ps. 109. Dixit Dominus Domino meo : * Sede à dextris meis.

Ant. 7. C. QUi susci- tavit Je-

ſum à mortu-is, & nos cum Jeſu ſuſ-
ci-ta-bit, al- le-lu-ia.
Pſ. 112. Laudate, pueri.
Ant. 6. F. Novit Dominus di-es
immacu-la- torum; & hære-di-tas e-o-rum
in æ-ternum e-rit, al-le- lu- ia.
Pſ. 121 Lætatus ſum.
Ant. 8. G. Oſſa veſtra
qua-ſi herba germi-nabunt, & cognoſçetur
ma-nus Do-mini ſervis e- jus, al-
le-luia.
Pſ. 126. Niſi Dominus.
Ant. 1. D. Vi- vent mor-

tu-i tu- i, interfe- cti me- i reſur-gent,
alle- lu- ia.
Pſ. 147. Lauda, Jeruſalem.
Ant. 5. C. Revelabit
terra ſan-guinem ſu-um, & non ope-
ri-et ul-trà interfectos ſu- os, al-
le-lu- ia.
Capitule. Oportet.
Hymne, Non ſic jugali. ci-devant, pag. 30.
℣. Scietis quia ego Dominus, ℟. Cùm aperuerò ſepulcra veſtra.
A Magni-ficat.
Ant. 2. D. Bene-dicta tu
à De-o tu- o in omni ta-ber-
na- culo Ja- cob; quo- niam in

On fait mémoire du quatriéme Dimanche après Pâque.

www.ingramcontent.com/pod-product-compliance
Ingram Content Group UK Ltd.
Pitfield, Milton Keynes, MK11 3LW, UK
UKHW020333180726
13839UKWH00002B/701